OBSÈQUES

DE

MONSIEUR L'ABBÉ

CHARLES DE LAVIGNE

CURÉ-DOYEN

DE GIMONT

AUCH

IMPRIMERIE AUSCITAINE, A. THIBAULT

—

1891

OBSÈQUES

DE

MONSIEUR L'ABBÉ CHARLES DE LAVIGNE

CURÉ-DOYEN DE GIMONT

Il y a quelques jours à peine, le diocèse d'Auch apprenait avec douleur et surprise le décès de Monsieur l'abbé Charles de Lavigne, chanoine honoraire, curé-doyen de Gimont, enlevé le mardi 7 avril à l'affection de ses paroissiens.

Sa mort, que nous étions loin de prévoir, est survenue à la suite d'un excès de fatigue occasionnée d'abord par la préparation des enfants à la première communion. Les fêtes du temps pascal et la clôture d'une Mission prêchée avec succès par un Missionnaire diocésain avaient déjà rudement éprouvé les forces de notre vénérable pasteur. A cela vinrent s'ajouter, le lundi de Pâques, la visite pastorale de Mgr l'Archevêque et la cérémonie de la Confirmation. On peut donc dire de Monsieur Charles de Lavigne qu'il a succombé à la tâche et que la mort l'a trouvé debout.

Nous ne ferons pas ici l'histoire de sa carrière si féconde et si bien remplie. Nous nous tairons également sur les circonstances de sa mort. Il y a là matière pour une œuvre à part qui demande du temps et des recherches et qui, une fois terminée, sera portée à la connaissance du public.

Qu'on nous permette seulement de noter une particularité digne de remarque, car elle montre à quel degré Monsieur de Lavigne possédait l'estime et l'affection de son troupeau. Depuis le moment de sa mort jusqu'à l'heure des funérailles, de nombreux visiteurs de la ville et des environs n'ont cessé d'affluer à la porte du presbytère. On demandait comme une grâce de voir une dernière fois les traits de ce digne et saint pasteur. Dans le vestibule était ouvert un registre mortuaire, sur lequel on a relevé plus de quinze cents signatures.

La cérémonie des obsèques, qui a eu lieu le jeudi 9 avril, à dix heures du matin, a été fort belle et fort touchante. Aussi sera-t-on bien aise, nous l'espérons, d'en lire le compte-rendu exact et détaillé.

La levée du corps a été faite à l'entrée du presbytère par M. l'abbé Lèche, curé-doyen de l'Isle-Jourdain, assisté d'un nombreux cortége de prètres. La population tout entière, qui attendait en silence, massée aux abords de l'église et sur les trottoirs des rues adjacentes, se range alors en procession et descend lentement la principale rue de la ville, d'où bientôt elle remonte pour accompagner le cercueil dans l'église paroissiale. Les réverbères, allumés dès le matin, sont enveloppés d'un crèpe noir. Les cloches font entendre leurs lugubres volées, les chants de la mort retentissent, tout respire le deuil, le recueillement et une profonde affliction.

Arrivé à l'église, le corps est déposé au milieu du sanctuaire au-dessus d'un superbe catafalque, presque aussi haut que le maître autel et sur les degrés duquel brûlent un grand nombre de cierges. Sur le cercueil, orné des insignes de chanoine, sont déposées plusieurs couronnes ; sur l'une d'elles, on lit ces mots bien significatifs : « *A mon frère.* »

La décoration funéraire de l'église présente un coup d'œil triste et imposant. La chaire disparaît en partie sous les plis de draperies noires. De belles tentures noires cachent également les piliers de l'abside ; sur toutes les bannières et sur toutes les lampes des chapelles flottent des voiles funèbres. — Dans le chœur, une stalle apparaît inoccupée et couverte d'un crèpe : c'est la place laissée vide par notre bien-aimé Doyen. Son confessionnal est aussi voilé. En un mot, dans cette vaste église où se déploya si longtemps son zèle, tout semble pleurer l'absence et porter le deuil de celui qui n'est plus.

La messe a été chantée par M. Bénac, vicaire général, délégué par Mgr l'Archevêque, au nom duquel il est venu présider la cérémonie.

Le chant liturgique était rehaussé par l'exécution très-correcte de la messe ordinaire en parties, à laquelle l'orgue ou la musique mêlait par intervalles d'harmonieux et solennels gémissements.

A la fin du saint sacrifice, M. Bénac monte en chaire. Dominant à grand'peine son émotion, il annonce aux fidèles que s'il prend la parole, c'est moins pour faire l'éloge du défunt que pour remplir un devoir sacré, et donner une expression vivante aux regrets si profonds et si légitimes de ses auditeurs. Mais rien ne saurait peindre le douloureux attendrissement de l'assistance, quand, renonçant à tout commentaire, l'orateur a lu textuellement les derniers adieux et les suprêmes recommandations du défunt. Dans ces notes écrites de sa main, il priait le prêtre chargé de présider la cérémonie de ne pas faire son éloge, remerciait ses paroissiens de la sympathie qu'ils lui avaient toujours témoignée et particulièrement de la procession faite par eux à Cahuzac pour obtenir sa guérison lors de sa dernière maladie ; enfin il demandait à tous humblement pardon du bien qu'il n'avait pas fait. Un gémissement général parti du fond des cœurs a éclaté à la fin de cette émouvante lecture. On pourra lire tout au long, à la suite de ce compte-rendu, le touchant discours de M. Bénac, remarquable par cette éloquence que peut seule inspirer une émotion bien sentie et exprimée simplement, noblement, avec le tact le plus parfait et la plus exquise délicatesse.

A M. l'abbé Campistron, supérieur du Collége, était réservé l'honneur de présider la fin de la cérémonie : c'est lui qui a donné l'absoute.

Aussitôt après, le convoi s'est reformé et a repris processionnellement sa marche par la rue centrale en remontant la ville jusqu'au-delà de la place Saint-Eloi. De là, il s'est développé dans le chemin de ronde qui descend vers le nord et aboutit au cimetière. Tel était le nombre des fidèles présents que la tête du cortége avait déjà franchi l'enceinte du cimetière, quand ceux qui fermaient la marche se trouvaient encore en face de l'hospice.

Voici l'ordre de la procession : en tête s'avance la bannière de la paroisse, voilée de noir et suivie des enfants de l'Asile, du Couvent de la ville et du Pensionnat de Cahuzac ; puis viennent successivement la pension de Mlle Lacan, les enfants de l'Hospice, accompagnées des Filles de la Charité ; les congréganistes de l'Immaculée-Conception, avec les insignes de la confrérie ; les mères chrétiennes, les écoles communales, l'école des Frères et une députation des élèves du Collége en l'absence de la communauté encore en vacances. Dans les rangs de ces diverses écoles, on remarquait de riches couronnes offertes par la générosité des maîtres et des élèves ; la plupart des enfants tenaient à la main des branches de lis, des rameaux de cyprès ou des palmes.

Au-devant du cercueil et tout près du clergé, à la place d'honneur, s'avançait la musique de la ville, dont la bannière était couverte d'un crêpe.

Durant le parcours, la Lyre gimontoise a joué plusieurs marches funèbres d'un caractère grave et imposant. De temps à autre, les notes plaintives des instruments se mêlaient au chant du *Miserere* et du *Benedictus*. Cet accompagnement des voix par la musique produisait un effet des plus saisissants.

Le cercueil occupait le centre de la procession. A sa suite, on remarquait une magnifique couronne offerte par le Conseil municipal et portant cette simple inscription : « *La ville de Gimont à son regretté pasteur.* » Elle surpassait toutes les autres en richesse et en grandeur. Nos édiles l'avaient votée à l'unanimité.

Les cordons du poêle étaient tenus par M. le duc de Fezensac, sénateur, M. de Sevin, conseiller général, M. Pérès, maire de Gimont, et M. Dupré de Puget, président de la Fabrique.

En tête des membres de la famille marchait le général de Lavigne, assisté de M. l'abbé de Cortade, compatriote et intime ami de notre vénéré Doyen. A signaler, dans le groupe des hommes, M. de Cortade, ancien trésorier général, M. Louis Campistron, professeur agrégé à la Faculté de Droit de Toulouse, et un nombre choisi de parents et amis de la famille.

Du côté des Dames, le deuil était conduit par Mme Blanc, nièce du défunt et sa plus proche parente.

Après la famille venait le Conseil municipal, ses deux adjoints en tête ; les membres de la Fabrique et de la Conférence de Saint-Vincent-de-Paul, avec une belle couronne ; la Société de secours mutuels ; enfin, une foule considérable de personnes de la ville et des campagnes voisines qui s'étaient fait un devoir ou un honneur d'assister à la sépulture.

Malgré un si grand concours de peuple et le mélange d'éléments si divers, l'ordre le plus parfait n'a cessé de régner dans tout le parcours, grâce à la bonne organisation de la cérémonie et grâce aussi, nous devons le dire, au bon esprit et à la bonne volonté de tous ceux qui y ont pris part. Du reste, la vénération que l'on éprouvait pour le défunt pouvait-elle se traduire autrement que par un recueillement respectueux, troublé seulement par les sanglots et les larmes ?

Le corps a été déposé dans un caveau de famille dont le défunt avait hâté la construction, « non point, disait-il, pour se faire honneur à lui-même, mais pour relever dans Gimont les mérites et les succès éclatants de son frère, promu l'an dernier au grade de général ».

A la fin des prières liturgiques et au moment où le cercueil allait être déposé dans le caveau, plusieurs discours ont été prononcés. M. Dupré de Puget a le premier pris la parole au nom du Conseil de Fabrique et de la Conférence de Saint-Vincent-de-Paul. Après avoir retracé à grands traits, avec beaucoup de tact et de mesure, le caractère de Monsieur de Lavigne, il a montré en lui le parfait équilibre des qualités humaines et des vertus chrétiennes, sous l'action surnaturelle de la religion et de la grâce.

Après lui, M. de Sevin, au nom des catholiques du canton qu'il représente au Conseil général, a loué l'apôtre intrépide et le zélé défenseur des intérêts religieux.

Enfin, M. Pérès, au nom de ses concitoyens, a déposé sur la tombe du vénéré pasteur un suprême hommage de respect et de reconnaissance, et rappelé avec éloges son esprit de paix et de conciliation.

Ce n'étaient point là de vaines louanges et de frivoles déclamations, mais la simple et sincère expression des regrets d'un peuple éploré et un légitime hommage rendu à la religion dans la personne d'un excellent prêtre qui, durant sa trop courte carrière de soixante-dix ans, n'avait jamais cessé de la faire aimer et honorer par sa rare distinction, sa haute vertu, la dignité de son caractère et son grand amour pour les pauvres.

Nous sommes heureux de mettre sous les yeux des lecteurs le texte même de ces différents discours :

DISCOURS DE M. L'ABBÉ BÉNAC

En montant sur cette chaire dans la cérémonie qui s'accomplit en ce moment, en arrêtant mes regards sur le cercueil qui se dresse devant nous et sur l'assemblée profondément attristée qui l'entoure, je ne ressens dans mon cœur qu'un seul besoin, mes frères, celui de pleurer avec vous tous sur le cher défunt dont le souvenir nous réunit dans cette église, et de me recueillir dans la prière pour appeler sur son âme les paternelles bénédictions de Dieu ! — Pour répondre à la pompe incomparable de ces funérailles, à ce religieux concours de tout un peuple éploré, ce ne sont pas des paroles qu'il faudrait : ce sont des larmes ; et encore les larmes elles-mêmes, malgré leur expressive éloquence, semblent-elles incapables de traduire toute la profondeur de notre deuil et de nos regrets ! — Mais, je le sens très-bien, vos cœurs ne seraient pas satisfaits, si une voix ne se faisait entendre dans cette cérémonie si tristement solennelle, pour donner une expression aux sentiments de sympathique douleur qui émeuvent l'âme de vous tous en face du cercueil de Monsieur l'abbé de Lavigne, le très-cher et très-regretté pasteur que la mort vient de ravir à la ville de Gimont.

Mgr notre Archevêque l'a parfaitement compris. Plein d'estime et d'affection pour celui qui dirigeait avec une rare distinction et un dévouement sans mesure l'une des paroisses les plus importantes du diocèse, et qu'il considérait comme un de ses prêtres les plus éminents, il aurait eu à cœur de venir présider lui-même ses funérailles et de lui rendre, au milieu de sa famille, de ses compatriotes et de ses amis, l'hommage dû à ses services et à ses hautes vertus. Mais, ne pouvant donner cette satisfaction à son cœur, il a voulu du moins se faire représenter dans cette cérémonie par le prêtre qui vous parle, et il lui a confié la mission de déposer en son nom sur la tombe de Monsieur l'abbé de Lavigne le témoignage de sa paternelle affection et de ses regrets.

Bien d'autres auraient été plus à même que moi à tous égards de bien acquitter cette mission délicate ; mais puisque Monseigneur m'en a donné le mandat d'une manière expresse, j'essaierai de le remplir en exprimant

en quelques mots devant cette tombe si douloureusement ouverte quelque chose de ce qui émeut profondément à cette heure tous les esprits et tous les cœurs.

Vous ne vous attendez pas, mes frères, j'en suis certain, à ce que je trace devant vous le tableau complet de l'existence, ni même de la physionomie morale de Monsieur l'abbé Charles de Lavigne. Il y a dans cette existence une telle plénitude de vie, et dans cette âme tant de traits caractéristiques et distingués, qu'il faudrait de longs discours pour en faire même une esquisse incomplète. A d'autres, dans un moment plus favorable, le soin de retracer cette belle vie avec les détails qui y abondent et qui lui donneront, j'en suis assuré, un charme puissant. Je ne puis à cette heure que vous dire quelques mots venus du cœur ! Je ne puis que jeter avec vous sur cette vie un de ces regards rapides que l'on jette sur une figure qu'on a suivie avec intérêt, qu'on a aimée avec ardeur, qui disparaît soudain, mais qu'on se promet de retrouver plus tard dans le charme des lointains et intimes souvenirs !

Ici, mes frères, nous devons tout d'abord vous livrer un secret de cette âme si profondément chrétienne et si profondément sacerdotale ! Il y a quelques mois à peine, dans un moment sans doute où il sentait plus intimement ses forces décliner sous les coups de la maladie et où la lumière de l'éternité se montrait plus prochaine et plus lucide à ses regards, Monsieur l'abbé de Lavigne traça quelques lignes à l'adresse du prêtre qui serait chargé de présider ses funérailles. Et savez-vous quelles en sont les premières paroles : « Je supplie le prêtre qui présidera mes obsèques de ne pas faire mon éloge !... » Vous dire l'émotion qui a saisi mon âme, quand j'ai lu ces paroles tracées d'une main ferme encore et inspirées par une humilité sublime, me serait impossible.

O père vénéré ! ô saint ami ! quand nous avions la joie de vous posséder ici-bas, je professais pour vous une vénération si sincère et si profonde qu'un simple désir tombant de vos lèvres était pour moi un ordre sacré ! — Comment donc n'accueillerais-je point avec un religieux respect cette supplication ardente que vous nous adressez d'au-delà la tombe et qui a reçu la suprême consécration qui vient de la mort ! — Si je trompais votre attente, si j'essayais de déjouer les saintes précautions de votre humilité par un éloge public au jour de vos funérailles, votre âme, qui nous voit et nous entend des portes d'une vie meilleure, me pardonnerait peut-être ; mais je craindrais que cette dépouille mortelle, qui est encore dans l'humiliation du tombeau, ne tressaille d'étonnement et presque d'indignation, à mon discours, et que de ces lèvres, qui ne s'ouvrirent jamais qu'à la modestie, ne sorte contre moi quelque doux reproche qui briserait mon cœur ! — Eh bien ! non ! je ne vous infligerai point cette peine ! Je respecterai votre volonté dans la mort, comme je l'ai respectée dans la vie ! Je laisserai à d'autres le soin de dire les nobles qualités de l'esprit, du caractère et du cœur qui vous distinguaient et faisaient de vous un homme accompli, un saint prêtre et le plus éminent des pasteurs ! Puisque vous le voulez, mon silence sur ces dons que Dieu vous avait faits d'une main si large sera le seul hommage que je vous offrirai en ce jour ! Et ce peuple, que vous avez tant aimé et qui vous a payé si ardemment de retour, me pardonnera, je l'espère, de le frustrer de votre éloge, par respect pour cette prière sublime que vous nous adressez du sein de la mort ! — Mais, mes frères, il est une parole que l'esprit de Dieu

— 9 —

a déposée dans nos saints Livres, et que votre vénéré pasteur ne pourra m'interdire de rappeler en face de son cercueil : « Donnez-lui le fruit du travail de ses mains, et que ses œuvres soient son éloge sur les portes de l'éternité : *Date ei de fructu manuum suarum, et laudent eum in portis opera ejus !* » (Par. 31.)

Les œuvres de Monsieur l'abbé de Lavigne ! Quel est celui d'entre vous qui ne les connaît et qui ne les a admirées mille fois ? Vous, mes frères, qui avez été tout à la fois ses compatriotes et ses paroissiens, vous pourriez les énumérer et les décrire beaucoup mieux que je ne saurais le faire moi-même. Selon la parole de l'Esprit-Saint, elles sont à elles seules son plus glorieux éloge, un éloge auquel son humilité ne saurait le soustraire, et qui suffit à montrer en lui l'idéal du bon prêtre et du saint curé !

Cette œuvre *de restauration* qui a transformé votre église par une décoration si remarquable de richesse et de bon goût que l'on serait tenté de se demander s'il n'y aurait pas lieu de graver sur la tombe du restaurateur cette parole de la sainte Écriture : « Seigneur, j'ai aimé passionnément la beauté de votre maison : *Domine, dilexi decorem domûs tuæ !* » (Ps. 25, 8.)

Ces œuvres *d'éducation chrétienne,* que son prédécesseur, de douce et vénérée mémoire, M. l'abbé Dousset, lui avait léguées comme au meilleur dépositaire de ses généreux desseins, et qu'il a développées, fécondées pour le présent, consolidées pour l'avenir, jusqu'au point d'en faire des œuvres personnelles dont le principal mérite lui revient devant les hommes et devant Dieu !

Ces œuvres *de charité,* Société de Saint-Vincent-de-Paul et *ouvroirs* pour les pauvres, dont il était à la fois l'inspirateur et le directeur par ses conseils, le soutien par ses largesses, l'âme par son pieux et inépuisable dévouement !

Ces œuvres *de piété,* congrégations, confréries, services organisés pour la beauté du culte religieux, qui, sous son infatigable et habile direction, ont produit dans cette ville d'admirables résultats de sanctification pour les âmes et de gloire pour Dieu !

Mais l'œuvre capitale de Monsieur l'abbé de Lavigne, celle qui résume toutes les autres, l'œuvre par excellence de son sacerdoce et de sa vie, celle surtout, sur qui se sont concentrées toutes les affections de son cœur, c'est votre âme, qu'il a constamment poursuivie des industries de son zèle sacerdotal ; — c'est cette *paroisse* de Gimont, qui a abrité son berceau, qui gardera sa tombe, et à qui, entre ces deux termes, il a consacré toutes ses facultés, toutes ses forces, toute sa vie d'homme, de prêtre et de pasteur ! OEuvre admirable, si bien remplie, avec l'assistance de Dieu, que l'on s'est demandé longtemps et qu'on se demande encore, en pensant à la paroisse et au curé de Gimont, s'il serait aisé de trouver dans le diocèse une paroisse plus foncièrement chrétienne et un curé plus dévoué à ses devoirs !

Et cependant, faut-il vous le dire, mes frères ? ce prêtre vénérable dont les œuvres, à défaut de vos paroles, disent si haut la sainteté et le dévouement, a chargé le prêtre qui prendrait la parole à ses funérailles d'une mission bien étrange, ou plutôt bien touchante, auprès de vous ! Il le prie de vouloir bien demander pardon, de sa part, à ses chers paroissiens des peines qu'il aurait pu leur faire dans le cours de son ministère pastoral !

— Vous pardonner, cher Monsieur le Curé ? Mais qui donc ? Quel pardon

peuvent vous donner des paroissiens qui vous doivent tout ce qu'il y a de
meilleur en eux et à qui vous n'avez fait que du bien ? J'en atteste cet
immense concours, ces prières, ces larmes, ce grand et sublime spectacle,
la seule peine que vous leur ayez causée, ç'a été de les jeter ainsi dans le
deuil par votre départ de ce monde, et le seul souvenir attristé qu'ils gar-
deront de votre passage ici-bas sera celui de votre mort !

Monsieur l'abbé de Lavigne, dans les notes qui ont reçu l'expression de
ses suprêmes désirs, nous a confié d'autres missions dont l'exécution est
autrement facile ou, pour mieux dire, dont l'exécution comble de joie
notre cœur.

Je lis textuellement :

« Je prie le prêtre qui présidera mes obsèques de remercier mes paroissiens des bontés qu'ils ont eues pour moi, en particulier des prières et de
la procession qu'ils firent en 1883 à Notre-Dame de Cahuzac pour obtenir
ma guérison.

» Je le prie de vouloir surtout exprimer mes sentiments de reconnaissance, pour tous les bons offices qu'ils m'ont rendus et pour le bien qu'ils
ont fait à ma paroisse :

   » A mes chers Vicaires ;
   » A M. le Supérieur du Collége et à ses Professeurs ;
   » A M. le Supérieur et les Missionnaires de Cahuzac ;
   » A MM. les Fabriciens de l'église ;
   » A M. le Maire et aux autorités municipales ;
   » Aux chers Frères et aux Instituteurs des enfants ;
   » Aux Sœurs et Institutrices des jeunes filles ;
   » A la Société de Saint-Vincent-de-Paul ;
   » Aux Dames de l'ouvroir pour les pauvres ;
   » Aux Chantres et Chanteuses ;
   » A tous les employés de l'église ;
   » Aux personnes dévouées qui prennent soin des autels et des chapelles ;
   » Aux Religieuses de l'Hospice, du Couvent de Cahuzac, du Collége.

» Je le prie de vouloir bien me recommander aux prières de tous mes
paroissiens, en particulier à celles de mes confrères de la ville et du
canton, des congréganistes de l'Immaculée-Conception ; aux membres de
la confrérie des Mères chrétiennes et des autres pieuses associations de la
paroisse.

» Si Dieu écoute leurs supplications et me fait miséricorde, je promets
de lui demander sans cesse la persévérance dans le bien des bons chré-
tiens de la paroisse et la conversion de ceux qui vivent loin des pratiques
religieuses, et qui peut-être seraient meilleurs si j'avais eu plus de zèle et
de charité.

» Gimont, le 1ᵉʳ octobre 1890.

      » Ch. DE LAVIGNE, chanoine honoraire, curé-doyen. »

Vous le voyez, mes frères, personne n'est oublié par Monsieur l'abbé de
Lavigne dans ce que j'appellerai le *testament de son cœur*. Tous, sans
exception, vous avez eu votre part dans les sollicitudes et les affections de
sa dernière heure, comme dans celles de sa vie tout entière ! Et désormais, jusqu'à votre dernière heure, ses sollicitudes de pasteur et d'ami

vous suivront encore, et ses prières les plus ardentes plaideront votre cause auprès du trône de Dieu !

Et maintenant, mes frères, il ne nous reste plus qu'une parole à dire, la parole de la séparation suprême, la parole du dernier et solennel adieu !

Adieu donc, cher Monsieur le Curé, au nom de tous ceux qui vous ont aimé et vénéré ici-bas !

Adieu, au nom de cette honorable famille qui était fière de vous compter parmi ses membres, et qui vous pleure en ce moment ; au nom surtout de ce frère distingué qui vous aimait avec tendresse, et qui ne se consolera pas de ne plus partager avec vous les honneurs dont la France a récompensé ses qualités éminentes et les services qu'il lui a rendus dans les rangs de son armée !

Adieu, au nom de ces nombreux amis qui se faisaient une joie de vous prodiguer en toute occasion les témoignages de leur respectueuse sympathie et de leur confiance ; au nom surtout de cet ami, que j'aperçois aux premiers rangs de cette foule, qui vous a été cher entre tous, qui a été le frère de votre âme dès les années les plus reculées de votre enfance, et qui portera désormais plus douloureusement que personne le deuil de votre mort !

Adieu, au nom de cette ville de Gimont, au sein de laquelle s'est écoulée votre existence tout entière, qui est heureuse de vous compter au nombre de ses enfants les plus éminents et les plus utiles, et qui proclamera désormais avec un légitime orgueil que, par un privilége des plus rares, vous avez démenti avec éclat l'adage évangélique : « Nul n'est prophète dans sa patrie : *Nemo propheta in patriâ suâ.* »

Adieu, au nom de tous les prêtres qui ont eu le bonheur de vivre auprès de vous et de vous connaître, vicaires de Gimont, professeurs du Collége, missionnaires diocésains, ecclésiastiques de la contrée et de tout le diocèse, qui ont reçu de vous les témoignages d'une exquise bienveillance et à qui vous laissez le souvenir d'un prêtre éminent par sa foi, sa piété et son zèle sacerdotal !

Adieu, au nom des pauvres, qu'à l'exemple du divin Maître vous avez aimés d'un amour de préférence, à qui vous avez prodigué vos constantes sollicitudes, et dans les mains desquels vous avez versé de si larges aumônes qu'on n'envisage pas sans quelque crainte l'avenir que va faire à bien des familles indigentes votre disparition d'au milieu de nous !

Adieu, enfin, au nom de tout ce peuple dont vous avez été l'ami et le père ! Au nom de tous ceux dont vous avez éclairé l'ignorance, de tous ceux dont vous avez soutenu la faiblesse, de tous ceux dont vous avez consolé les douleurs !

Adieu, au nom de tous !

En retour de ces hommages profondément attristés que nous vous adressons à travers les ombres du tombeau, nous ne vous demandons qu'une chose : que vos supplications pour nous auprès de Dieu soient assez ardentes pour que nous soyons tous assurés de nous consoler des tristesses de la séparation par les joies d'un revoir éternel au sein de Dieu !

DISCOURS DE M. DUPRÉ DE PUGET

—

Mesdames, Messieurs,

La mort vient de ravir à notre vénération et à notre affection notre bien-aimé curé, le meilleur des hommes, un saint prêtre.

Ainsi que le bon pasteur, Monsieur l'abbé de Lavigne avait assurément le droit de dire « : Je connais mes brebis, et mes brebis me connaissent. » Oui, nous le connaissions, en effet, et nous le vénérions pour les hautes vertus dont il donna toujours l'exemple, et nous l'aimions pour le dévouement qu'il ne cessa de nous prodiguer.

Dès sa jeunesse, il fut respectable par sa gravité et sa piété précoces ; plus tard et toujours, égal à lui-même, par sa prudence et sa sagesse ; il fut le bienfaiteur et le protecteur des pauvres, à la disposition de tous pour le conseil et le secours ; sévère pour lui-même, indulgent pour les autres ; désireux d'obliger chacun et de n'effacer personne ; oublieux des biens et des honneurs de la terre ; avide des biens du Ciel ; tendre pour les siens ; fidèle à ses devoirs et à ses amitiés ; serviteur passionné de Dieu et de sa gloire : tel est, retracé à grands traits, le portrait de celui que nous nous plaisions à considérer comme le Père de la paroisse et que, malgré nos vœux et nos supplications, Dieu a voulu rappeler à lui.

Toutes ces grandes qualités, messieurs, donnaient à Monsieur l'abbé de Lavigne un prestige que nous étions heureux de reconnaître ; aussi avait-il sur nous une réelle autorité, je veux dire cette autorité, — la plus grande de toutes, — qui ne provient pas des hautes fonctions qui ne sauraient la communiquer, mais qui provient de la personne elle-même qui en est digne et de la vertu dont elle est fille.

A raison de ses mérites et de ses talents, soit comme administrateur, soit comme orateur, Monsieur l'abbé de Lavigne aurait pu aspirer aux dignités les plus élevées du sacerdoce ; loin de les rechercher, il les évita et il n'accepta que le titre de chanoine honoraire. Simple et modeste, il n'eut qu'une ambition : celle de se dévouer jusqu'au dernier jour au salut de ses compatriotes.

Né à Gimont le 20 septembre 1820, il voulut vivre et mourir au milieu de nous ; aussi l'avons-nous vu exercer avec éclat les diverses fonctions qui lui furent successivement confiées : comme professeur au Collége, comme vicaire de la paroisse, comme missionnaire diocésain et enfin comme curé-doyen. Partout il déploya ce zèle ardent dont il était animé pour les œuvres nombreuses qu'il avait créées ou que ses vénérables prédécesseurs lui avaient transmises ; toujours nous admirâmes en lui cet amour pour les enfants, qui était une manifestation de la bonté de son cœur, et cette conscience scrupuleuse qu'il apporta dans l'accomplissement de ses devoirs.

Sur les bords de cette tombe qui va recevoir les restes de notre excellent curé, reconnaissons, messieurs, que l'Eglise catholique peut seule, par l'économie surnaturelle de ses préceptes et de ses ressources, apporter l'équilibre dans une âme, la rendre prompte aux devoirs les plus familiers comme aux dévouements les plus grands, mêler en elle la délicatesse et la grandeur, la tendresse et la réserve, la mesure et l'intrépidité ; cet idéal, il nous sera permis de le dire, l'abbé de Lavigne le réalisait ; il a offert à nos yeux ce je ne sais quoi d'achevé que la vertu emprunte à la religion.

Sa mémoire nous sera toujours douce et chère ; en lui disant un dernier adieu, demandons-lui, messieurs, de nous bénir du haut du Ciel et de prier Dieu pour nous et pour nos familles, afin qu'un jour le troupeau qui lui fut si cher soit tout entier réuni autour de lui dans l'éternelle Patrie !

DISCOURS DE M. DE SEVIN

Général, Messieurs,

C'est au nom des catholiques du canton de Gimont, que j'ai l'honneur de représenter, que je viens rendre un dernier témoignage de respect et de reconnaissance au saint et vénérable prêtre auquel nous venons tous dire un suprême et dernier adieu.

Je n'ai besoin, pour dire ses vertus, qu'à jeter un regard ému sur la foule immense, désolée et recueillie, entourant cette tombe qui va bientôt renfermer celui que nous aimions tous et que nous pleurons si sincèrement aujourd'hui.

C'est qu'en effet l'abbé de Lavigne, enfant de Gimont, consacra toute sa vie à sa chère paroisse : tout jeune, il fut professeur au Collége, pour la prospérité duquel il montra toujours un si vif intérêt ; missionnaire de Cahuzac, il apporta au culte de la sainte chapelle si chère à nos populations tout le zèle d'une religion profonde et éclairée ; appelé enfin à la cure de Gimont, où sa nomination fut accueillie avec bonheur, il se voua tout entier à sa chère paroisse et apporta dans sa divine mission un zèle ardent, un dévouement sans limites et une charité qui ne connaissait pas de bornes ; toujours sur la brèche, il n'avait en vue que le salut des âmes, l'intérêt des pauvres, l'amour de son église et le triomphe de la religion.

Très-intéressé à l'œuvre de la Doctrine chrétienne, et secondant les intentions de son prédécesseur, il n'a cessé d'apporter la plus grande sollicitude au maintien de cette institution si éminemment patriotique et religieuse, à laquelle nos populations sont si profondément attachées.

Nul ne fut plus aimé et plus respecté, et, durant les nombreuses années qu'il a passées à la tête de sa paroisse, notre cher et regretté Doyen fut le conseil et l'ami de tous.

Déjà, ayant abusé de ses forces, la cruelle maladie qui l'enlève à notre vénération avait une première fois abattu cet apôtre trop zélé ; mais la Providence exauça nos prières et, en vue de tout le bien qu'il pouvait faire encore, l'avait conservé ; elle nous l'enlève aujourd'hui : espérons que du haut du Ciel sa grande âme ne cessera de s'intéresser à cette ville de Gimont, où sa mémoire laissera d'impérissables souvenirs.

Certain d'être, messieurs, l'interprète de vos sentiments, je ne veux pas quitter cette tombe sans dire au général de Lavigne combien nous sympathisons à sa légitime douleur ; lui aussi, suivant l'exemple du dévouement donné par notre premier pasteur, consacra au service de notre chère patrie toute une vie d'honneur et de gloire, comme son frère bien-aimé avait voué la sienne à son ministère sacré.

Nous sommes arrivés au moment suprême : il faut, mon digne et bien cher curé, vous dire un bien douloureux adieu ; mais, pour nous catholiques fervents et convaincus, nous vous disons au revoir, car vous ne nous quittez que pour nous attendre dans le sein de Dieu !

DISCOURS DE M. PÉRÈS

—

Mes chers Concitoyens,

Interprète des sentiments qui agitent vos cœurs et font couler vos larmes en présence de cette tombe prête à se fermer, je viens en votre nom rendre un dernier hommage, dire un suprême adieu au vénéré pasteur que nous pleurons, à celui qu'une cruelle maladie, provoquée par des fatigues excessives, vient d'enlever à l'affection des siens et de ses amis, à l'affection de la paroisse qu'il administrait avec tant de sagesse et tant d'autorité depuis plus de vingt-cinq ans.

Je n'ai pas à vous parler de ses sentiments de foi et de charité chrétiennes, de son amour pour les pauvres, à vous entretenir de ses vertus et du zèle qu'il apportait dans la conduite du troupeau dont il avait la garde. C'est une tâche qui a été remplie par des voix plus autorisées que la mienne.

Je ne veux relever qu'un seul trait dans cette vie exemplaire et si bien remplie : c'est la bonté dont il était animé vis-à-vis de tous ; c'est l'esprit de conciliation qu'il apportait dans ses rapports avec l'autorité civile, ces sentiments de modération et de profonde sagesse qui font les grands administrateurs et qui sont plus que jamais de mise à notre époque pour assurer la paix sociale et la paix religieuse, ces deux biens si précieux.

En rendant ces hommages à notre regretté pasteur, nous nous associons à la douleur de sa famille. Puissent les témoignages de sympathie de toute cette population éplorée, de tous ces pauvres qu'il a tant aimés, adoucir l'amertume des regrets de cette jeune femme, de ce général de notre armée française, digne frère de celui que nous pleurons, qui a conquis ses grades sur tous nos champs de bataille !

La paroisse de Gimont conservera pieusement le souvenir et la mémoire de son bien-aimé pasteur, mort à la tâche, victime de son devoir ; et lui, du fond de sa tombe, ou plutôt du haut des Cieux, où il reçoit la récompense d'une vie si sainte, il continuera encore à nous protéger par le souvenir et l'exemple de ses vertus !

AUCH. — IMPRIMERIE AUSCITAINE, A. THIBAULT.

9 782329 556154